ERSTE HILFE

WIE HELFE ICH MEINEM PFERD IM NOTFALL

von
Jane Holderness-Roddam

Illustrationen von
Carole Vincer

CADMOS

Titel der Originalausgabe:
Jane Holderness-Roddam, First Aid
Threshold Picture Guide No. 12

Aus dem Englischen von
Susanne E. Müller

Der Verlag macht darauf aufmerksamsem, daß alle in diesem Buch beschriebenen Behandlungen unter Aufsicht eines Tierarztes durchgeführt werden sollten und lehnt deshalb jegliche Haftung für eventuelle Unrichtigkeiten ab.

Kavalkade Ratgeber Nr. 10

Cadmos Verlag GmbH, Lüneburg
Für die deutsche Ausgabe:

Umschlaggestaltung: Ravenstein Brain Pool

Printed in Germany

ISBN 3-86127-215-6

Inhalt

Erste Hilfe

Wie helfe ich meinem Pferd im Notfall

VORWORT

Zu wissen, was in einem Notfall zu tun ist, kann äußerst wichtig sein. Wenn es dabei aber um Tiere geht, ist es manchmal sogar noch wichtiger, das Richtige zu tun, damit es nicht zu Dauer- oder Folgeschäden kommt.

Oft lassen sich Unfälle durch etwas Mitdenken vermeiden. Beobachten Sie Ihr Pferd oder Pony in einer wahrscheinlich angsteinflößenden Situation - ein ruhiges, aufmunterndes Wort bewahrt es manchmal davor, in Panik zu geraten, wo dann alles mögliche passieren könnte. Achten Sie gut darauf, wo Sie entlangreiten und vermeiden Sie tiefen Boden oder steiniges Gelände. Auf einem Paddock haben spitze, zerbrochene Hindernisstangen und loser Draht nichts verloren, und es sollten sich möglichst keine Wurmlarven darauf befinden. Gefährliche Unkräuter und giftige Pflanzen sollten sich nicht in Reichweite von Pferden befinden. Sattel- und Zaumzeug müssen richtig passen und geschmeidig gehalten werden, damit es nicht zu Druckstellen kommt. Durch einen regelmäßigen Beschlag lassen sich typische Probleme im Hufbereich vermeiden.

Jeden Morgen sollte man nach dem Pferd sehen, besonders wenn es am Vortage hart gearbeitet wurde.

Dieses Buch will helfen, mit den häufigsten Verletzungen und Problemen bei Pferden fertigzuwerden. Man erfährt, was man zu tun oder zu lassen hat, bis der Tierarzt eintrifft bzw. wann man ihn holen muß.

Und denken Sie immer daran, wenn Sie mit einem verletzten Pferd nach Hause kommen und sofortige tierärztliche Hilfe benötigen, daß Sie dem Tierarzt den wahrscheinlichen Zeitpunkt Ihres Eintreffens mitteilen.

Mit vielen leichten Verletzungen wird man allein zu Hause fertig, wenn man ein paar Grundregeln kennt und befolgt.

Der Tierarzt muß jedoch bestellt werden, wenn:

- Das Pferd krank aussieht und Fieber zu haben scheint oder eine Temperatur von über 38,9 °C hat,
- es offensichtlich Schmerzen hat,
- es stark blutet oder tiefe Schnittwunden hat,
- es Schnitte in den sogenannten „Gefahrenzonen“ hat, die tief sein könnten,
- es ein äußerst ungewöhnliches Verhalten zeigt,
- es extrem speichelt und eventuell ein Irritans oder giftiges Unkraut gefressen hat, ins Maul gestochen wurde oder einen Dorn oder ähnliches im Maul stecken hat,
- wenn ein Pferd plötzlich Koliksympto-me zeigt, die mit plötzlichem Durchfall oder schwankendem Gang einhergehen (was auf eine Vergiftung hinweisen kann),
- wenn es aussieht, als wolle es erbrechen, seinen Hals und Rücken wölbt, mit großer Anstrengung die Bauchmuskeln hebt und senkt, Speichel aus der Nase läuft oder es hustet, als ob es einen Fremdkörper im Hals hochzuwürgen versucht.

Jane Holderness-Roddam
Peter S. Hastie

Die Stallapotheke sollte enthalten:
1 Verbandswatte, 3 Pakete à 350 g (Anstaltspackung); **2** Bittersalz, 5 kg; **3*** konzentriertes Antiseptikum, 500 ml; **4** Speisesalz, 0,5 kg; **5** Watte-Verband, 3 Rollen à 500 g x 40 cm breit; **6** 3 l- Emailleschüssel; **7*** Bandagen, 10 Stück à 10 cm x 4 m; **8** Haftbandagen, 10 Stück à 10 cm x 4 m; **9*** Wasserstoffperoxid, 200 ml; **10*** Adstringent, 380 ml; **11** Paste zum Abdecken kleiner Verletzungen z.B Socatyl; **12** Anweisungen für den Notfall; **13** Telefon-Notizbuch; **14** Schere; **15** Fieberthermometer; **16** Leukoplast; **17** Instant-Kältepackung; **18** Frotteehandtuch; **19*** sterile Wundauflagen, 10 Stück à 10 cm x 10 cm

** Fragen Sie hierzu Ihren Tierarzt.*

Die Stallapotheke

In jedem Stall sollte sich ein Erste-Hilfe-Schrank mit den unten abgebildeten und nebenstehend aufgeführten Gegenständen befinden.

Man braucht eine Auswahl an Wundauflagen (auch nichthaftend, in verschiedenen Größen), Bandagen, Leukoplast, Verbandswatte und eine stumpfe Schere mit gebogenen Enden. Lindernde Salben, wie z.B. Zink-Lebertran-Salbe, sind ebenfalls nützlich. Ein Fieberthermometer ist ein Muß.

Mit einer antiseptischen Waschlotion kann sich der Helfer die Hände waschen bzw. in der richtigen Verdünnung kann man damit eine großflächig verunreinigte Wunde säubern, vorausgesetzt man wäscht den Dreck heraus und nicht in die Wunde hinein. Der Tierarzt rät Ihnen, welches Antiseptikum am besten geeignet ist.

Mit Ausnahme für oberflächliche Wunden sollte man die sogenannten Wundpuder und -sprays nicht benutzen. Selbst in diesen simplen Fällen ist ein Auswaschen mit einer warmen Salzlösung (ein gehäufter Teelöffel Speisesalz auf einen halben Liter kochendes Wasser, dann abkühlen lassen, bis es lauwarm ist) vorzuziehen.

Ein Adstringent oder Wundalkohol kann man auch bei Druckstellen am Rücken oder im Gurtbereich nehmen, um die Haut zu kräftigen, wenn der Zustand nicht mehr akut ist. (Linimente und andere milde Stimulantien sind für die Erste Hilfe nicht geeignet). Eine warme, gesättigte Bittersalz-Lösung (1 kg auf 1 Liter kochendes Wasser, umrühren und leicht abkühlen lassen), Kaolin-Packungen werden zur Wärmeanwendung gebraucht.

Holzteer wird für den Huf gebraucht. Wasserstoffperoxid sollte lediglich bei Stichwunden im Hufbereich eingesetzt werden, ansonsten nur nach Absprache mit dem Tierarzt.

Die Telefonnummer des Tierarztes (und auch die eines Humanmediziners) sollte gut sichtbar in der Nähe des Telefons angebracht sein. Stellen Sie sicher, daß jeder im Stall Bescheid weiß. Hinterlegen Sie die genaue Anschrift mit Postleitzahl - so kann die Ambulanz Sie besser finden.

Die Stallapotheke muß sauber, ordentlich und gut sortiert sein. Eine Mini-Erste-Hilfe-Ausrüstung sollte sich separat in einer Packung befinden, damit Sie sie jederzeit mit aufs Turnier nehmen können.

Das gesunde Pferd

Ein gesundes Pferd ist ein schöner Anblick. Es hat klare, leuchtende Augen, gespitzte Ohren, ein weiches, glänzendes Fell ohne irgendwelche Borken oder Haarausfall und eine elastische Haut, die weich über Hals und Rippen spielt. Das gesunde Pferd frißt seine Ration auf und kaut gut. Insgesamt ist es in einem guten Futterzustand, aber nicht zu fett. Die Pferdeäpfel sind fest, und das Pferd mistet problemlos - braun bis dunkelgrün, je nach Futter. Weidepferde haben einen etwas weicheren Kot. Der Urin sollte fast farblos bis blaßgelb sein.

Die Gliedmaßen fühlen sich kühl an, ohne jegliche Schwellung. Das Pferd belastet alle vier Beine gleichmäßig. Ab und zu mag es sich auf dem einen oder anderen Hinterbein ausruhen, aber ein ständiges Hin- und Hertreten, besonders vorne, ist nicht normal. Das Pferd trabt flüssig und taktrein.

Die normale Körpertemperatur liegt bei etwa 38 °C, der Ruhepuls bei 36 bis 42 Schlägen pro Minute. Die Atemfrequenz in der Ruhe liegt bei 8 bis 16 Atemzügen pro Minute; das Pferd atmet ruhig und gleichmäßig ohne Anstrengung.

Das Pferd sollte regelmäßig entwurmt werden, etwa in Abständen von 6 bis 12 Wochen. Die Zähne werden einmal pro Jahr kontrolliert. Es wird gegen Tetanus, Influenza und sonstiges geimpft, je nach den landesüblichen Bestimmungen. Auch der Beschlag sollte regelmäßig stattfinden, d.h. etwa alle 4 bis 6 Wochen. Die Hufe werden einmal täglich und nach dem Reiten ausgekratzt.

Das gesunde Pferd wird gern geritten und kann problemlos das ausführen, was der Reiter von ihm verlangt. Das Pferd wird jeden Tag genau in Augenschein genommen, und dabei sollte immer alles so sein wie am Tag zuvor bzw. am Tage davor. Und auch nach dem Reiten ist alles wie zuvor.

Ansehen, hinhören, berühren und fühlen; es ist vor allen Dingen wichtig, herauszufinden, was für das eigene Pferd normal ist.

Das kranke Pferd

Das kranke Pferd sieht niedergeschlagen und elend aus. Die Ohren hängen nach hinten, der Kopf ist gesenkt. Die Augen sind trübe und teilnahmslos. Meist ist die Temperatur erhöht, ebenso wie Puls- und Atemfrequenz. Die Nüstern erscheinen manchmal wie zusammengekniffen, und das Fell fühlt sich rauh und struppig an. Die Augen tränen. Wenn es dickflüssigen Nasenausfluß hat, liegt wahrscheinlich eine Atemwegserkrankung vor. In diesem Fall hustet das Pferd, obwohl das auch bei Pferden vorkommt, die ansonsten in Ordnung sind. Das Pferd frißt meist nicht - was immer einen Grund hat.

Die Pferdeäpfel sind klein und hart (Verstopfung), äußerst locker (Durchfall) oder von ungewöhnlicher Farbe. Auch der Urin kann sich in Farbe und Konsistenz geändert haben. Scharren, Schwitzen und Ruhelosigkeit können Zeichen für eine Kolik sein.

Prellungen oder Quetschwunden sind schwer zu erkennen, sofern die betroffene Stelle nicht anschwillt oder warm wird. Handelt es sich aber um eine innere Verletzung, kann die Diagnose schwierig sein. Steht ein Pferd seltsam und will sich nicht bewegen, kann das auf Kreuzverschlag, Hufrehe oder beträchtliche Lahmheit deuten.

Ein geübter Beobachter kann eine Lahmheit gut erkennen, aber es ist nicht immer einfach, eindeutig zu bestimmen, auf welchem Bein das Pferd lahmt bzw. wo es Schmerzen hat. Zuerst sucht man nach vermehrter Wärme oder einer Verletzung im Hufbereich, z.B. besonders nach einem Stein in der Sohle oder der Strahlfurche oder unter dem Eisen bzw. nach einem Ballentritt. Danach wird das ganze Bein abgetastet. Dann läßt man das Pferd an der Hand antraben. Wenn es vorne lahmt, nickt es jedesmal mit dem Kopf, wenn es das gesunde Bein belastet, und zieht den Kopf hoch, wenn es das kranke Bein schont. Lahmt es hinten, scheinen Sprunggelenk und Hüfte des betroffenen Beines höher.

Am allerwichtigsten aber ist zu erkennen, daß mit dem Pferd etwas nicht stimmt und es ihm nicht gutgeht. Das Pferd wird nicht mehr gearbeitet, und es wird der professionelle Rat eines Tierarztes eingeholt.

So wird eine Wunde gereinigt

Ein Wunde muß gründlich gereinigt werden, wenn sie gut heilen soll. Sie wird mit kaltem Wasser vorsichtig ausgewaschen, da kaltes Wasser die Blutgefäße zusammenzieht und der kontinuierliche Wasserfluß Dreck und verkrustetes Blut herausspült, so daß die Wunde untersucht und behandelt werden kann. Der Tierarzt kann nun auch besser entscheiden, ob genäht werden muß. Wenn eine Schnittwunde so tief ist, daß sie genäht werden muß, wird sie einfach mit dem Wasserschlauch abgespült oder abgedeckt und locker verbunden - und den Rest macht dann der Tierarzt.

Wunden und Wundbett können auch vorsichtig in einer Salzlösung gebadet werden (ein gehäufter Teelöffel Speisesalz auf einen Liter Wasser). Nach dem Säubern darf man aber nur auf oberflächliche Wunden Zink-Lebertran-Salbe auftragen.

Auf keinen Fall sollte man die Wunde abtasten oder gar darin herumstochern, um Größe und Tiefe herauszufinden. Zweck der Ersten Hilfe ist, abgesehen vom Stillen der Blutung, die Wunde zu bedecken, um eine weitere Verunreinigung zu verhindern.

Werden Metall- oder Holzsplitter unter der Haut vermutet, so ist das Sache des Tierarztes. Jeder Druck auf die betroffene Stelle ist zu vermeiden. Wenn man sich nicht sicher ist, läßt man die Wunde lieber unbedeckt. Wenn man weit vom Stall entfernt ist, muß sich der Erste-Hilfe-Leistende gut überlegen, ob das Pferd zum Transporter gebracht werden kann oder umgekehrt. Als Richtlinie gilt die Schwere der Verletzung, d.h. besonders, ob sich eine Schnitt- oder tiefe Wunde in den sogenannten „Gefahrenzonen“ der Beine befindet. Jede unnötige Bewegung kann eine solche Verletzung verschlimmern.

Auf dem Heimweg darf das Pferd sich nicht an der Wunde kratzen oder reiben, insbesondere wenn in diesem Bereich kein Verband angelegt werden kann. Wenn es zu unruhig ist, entfernt man das Heunetz.

Überprüfen Sie, ob ausreichender Tetanusschutz besteht.

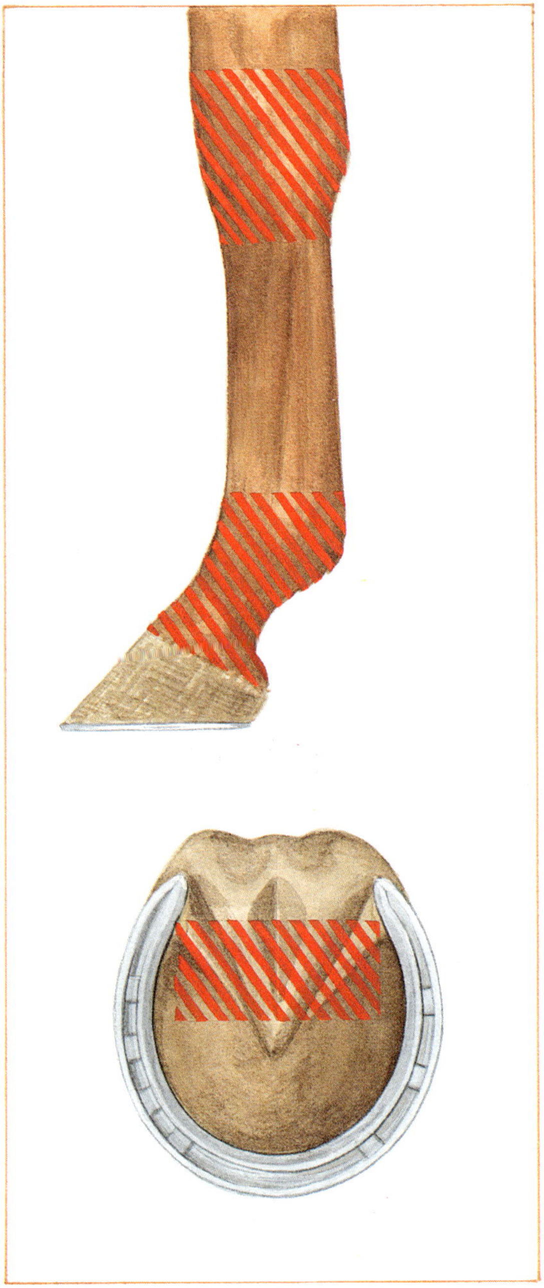

Die „Gefahrenzonen“ - jede unnötige Bewegung kann eine tiefe oder Stichwunde verschlimmern.

Baden in einer heißen Magnesiumsulfat-Lösung hilft bei Prellungen und Quetschungen und ist ideal für Verletzungen im Bereich der unteren Gliedmaßen und bei Entzündungen.

Wenn sie sofort gereinigt und behandelt werden, heilen kleine Schnittwunden sehr schnell. In den „Gefahrenzonen“ kann ein kleiner Kratzer in Wirklichkeit eine tiefe Stichwunde sein.

Fleischwunden sind meist die Folge von Rissen, z.B. ist Stacheldraht eine häufige Ursache. Eine solche Wunde muß meist genäht werden. Tierarzt rufen!

Auch kleine Stichwunden können tief sein. Eine gründliche Wundreinigung ist uner-läßlich, danach wird die Wunde abgedeckt. Tierarzt rufen!

Schwellungen und Prellungen

Ein Ein Schlag oder Stoß führt immer zu einer Prellung. Je eher man die Prellung bemerkt, desto einfacher ist es, etwas dagegen zu tun. Sobald wie möglich sollte man Eis auf die geschwollene Stelle legen oder sie mit kaltem Wasser abspritzen. Wenn möglich, legt man dann für fünf Minuten einen Druckverband an. Vergessen Sie nicht, auch das andere Bein zu bandagieren. In Abständen von ein bis zwei Stunden wird das Ganze wiederholt.

Heiße Umschläge nach den ersten 24 Stunden verringern die restlichen Schwellungen. Geringfügige Prellungen erfordern eventuell nur kaltes Abspritzen und ein paar Tage lang einen trockenen Verband.

Trockene Bandagen nach anstrengender Arbeit reichen oft bei Pferden, deren Beine nach dem Reiten leicht anschwellen - was sehr häufig bei Pferden mit Konditionsmängeln vorkommt. Solche Dinge sollten als Warnung dafür verstanden werden, daß das Pferd entweder noch nicht oder überhaupt nicht geeignet ist für die gestellten Anforderungen.

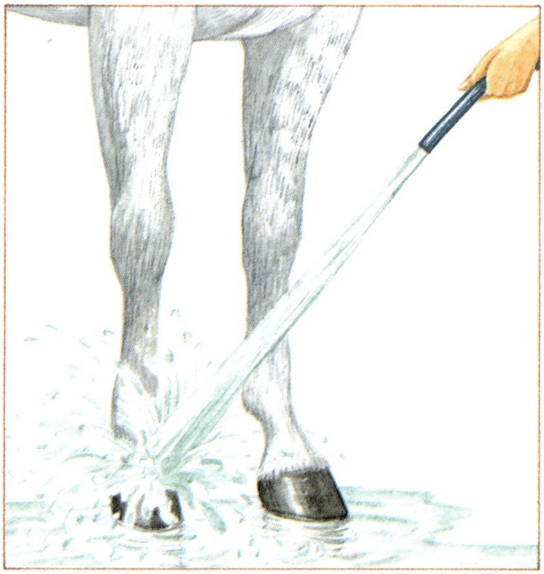

Mit rieselndem Wasser unterhalb der Verletzung beginnen, höhergehen, den Wasserhahn weiter aufdrehen. Fünf Minuten reichen bei „geschlossenen" Wunden für einen Druckverband. 12 Stunden lang stündlich widerholen.

Zerstoßenes Eis hilft bei Prellungen, vermindert Blutungen und hilft somit bei Entzündungen. Eine Packung tiefgekühlter Erbsen ist ein praktischer Ersatz für eine Kühlpackung.

Wir machen eine Kühlpackung selbst, indem wir zerstoßene Eiswürfel in einen Plastikbeutel geben. Der Eisbeutel wird über der Wundauflage oder einem Handtuch aufgelegt und bandagiert.

ZERRUNGEN

Eine Zerrung kann eine ernsthafte Verletzung darstellen. Zu den Erste-Hilfe-Maßnahmen gehört das sofortige Auflegen von Eis auf den betroffenen Bereich, ein Druckverband und absolute Boxenruhe. Rufen Sie den Tierarzt und folgen Sie seinen Anweisungen.

Zu Zerrungen kommt es meist durch einen „Fehltritt" oder tiefen Boden,am häufigsten aber während des Galoppierens oder Springens. Es kann gar nicht oft genug gesagt werden, wie wichtig es ist, das Pferd langsam auf sein Training vorzubereiten.

Sehnenzerrungen brauchen eine viel längere Erholungszeit als andere verletzte Gewebe. Aufgrund einer schweren Zerrung kann das Pferd unter Umständen bis zu einem Jahr nicht geritten werden oder nie mehr.

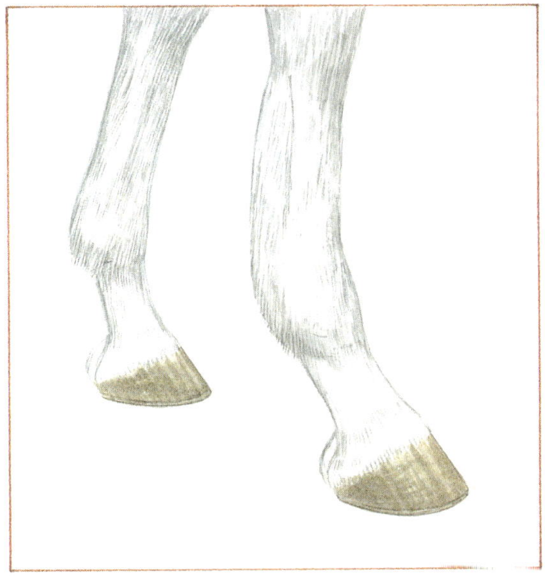

Eine warme, schmerzhafte Schwellung kann auf eine Zerrung am Bein deuten. Oft lahmt das Pferd auch noch. Den Tierarzt rufen und dem Pferd Ruhe geben.

Nach der Kältebehandlung verordnet der Tier-arzt oft einen Druckverband. Eine feste, gleichmäßig angelegte Stretchbandage über einem Watte-Verband gibt der verletzten Sehne Halt.

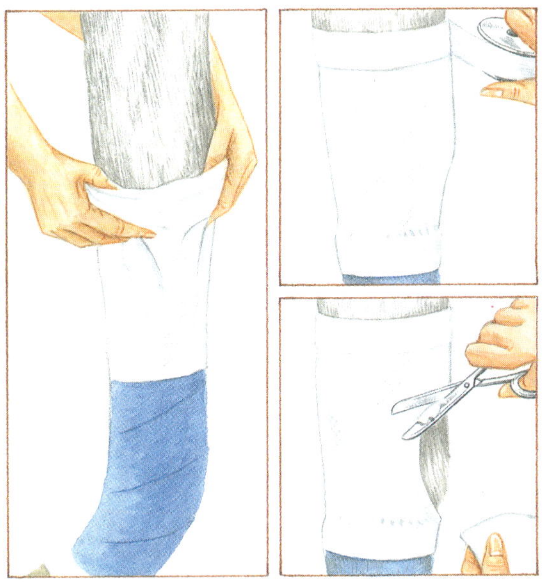

„Stülper" lindert Zerrungen und Schwellungen. Es wird wie ein Strumpf angezogen und mit Klebeband fixiert. Für die vorstehenden Knochen schneidet man ein Loch hinein.

Hufverletzungen

Hufverletzungen kommen häufig vor und führen oft zu plötzlicher, akuter Lahmheit. Der Auslöser kann ein spitzer Stein, ein Nagel oder eine Glasscherbe sein, die durch die Sohle ins „Leben“ dringt. Nachdem man den Huf ausgekratzt hat, wird die Sohle sorgfältig untersucht und alle Fremdkörper entfernt. Wenn die Hufsohle stark blutet, wird sie mit dem Schlauch abgespritzt. Dann legt man eine saubere Unterlage darauf, bandagiert fest und ruft den Tierarzt. Merken Sie sich genau die Stelle, wo die Sohle verletzt wurde.

Prellungen durch stumpfe Gegenstände verursachen oft Schmerzen und Lahmheit, aber in den ersten Tagen ohne daß etwas zu sehen ist.

Ballentritte und Prellungen des Ballens sind schmerzhaft und tun weh. Abspritzen mit dem Wasserschlauch, gründliches Säubern und ein Verband mit Rivanol (höchstens drei Tage) und Abdecken ist alles, was nötig ist, solange der betroffene Bereich sauber gehalten wird.

Sollte ein tiefer Schnitt vorliegen, rufen Sie den Tierarzt.

Häufig sind einfache Verletzungen der Fessel recht schmerzhaft und heilen schlecht, denn bei jedem Schritt wird die Haut gedehnt. Reinigen Sie die Fessel gründlich mit Socatyl und bandagieren Sie über einer Wundauflage oder einem Umschlag. Wenn die „Erste Hilfe“ nach drei Tagen keine Besserung bringt oder wenn die Verletzung sehr tief ist, rufen Sie Ihren Tierarzt.

Abszesse, die durch starke Prellungen oder penetrierte Hufsohle entstehen, sind sehr schmerzhaft und schwer zu lokalisieren. Ein typisches Anzeichen ist die Aufblähung der Vene, die innen an der Fessel entlangläuft, bevor sie sich über dem Fesselkopf teilt, wo man ein starkes Pulsieren fühlt. Heiße Kleie-Umschläge oder Rivanol oder ein heißes Fußbad hilft. Ein Equiboot oder ein Hufverband sorgen dafür, daß nichts verrutscht. Der Tierarzt wird ein kleines Loch in den Huf machen, damit der Eiter abfließen kann.

Plötzliches Lahmen hängt meist mit dem Huf zusammen. Ein in die Strahlfurche eingetretener oder unter dem Hufeisen eingeklemmter Stein ist oft die Ursache.

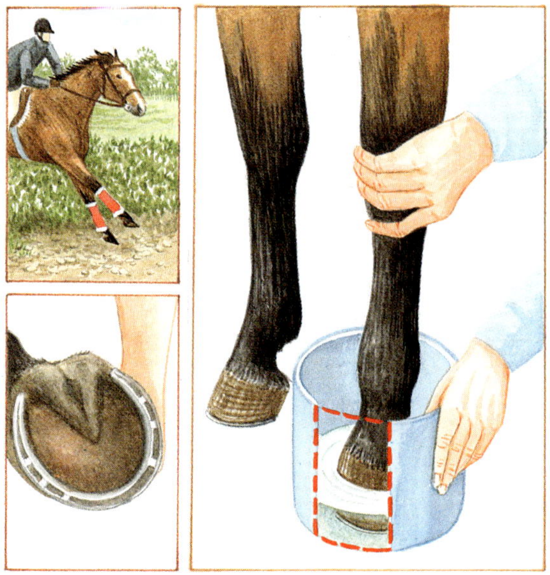

Prellungen der Hufsohle werden durch enormen Druck auf die Sohle verursacht, ohne daß es zu einer Durchdringung der Hufsohle kommt. Heiße Bäder 2-3mal täglich reduzieren die Blutung.

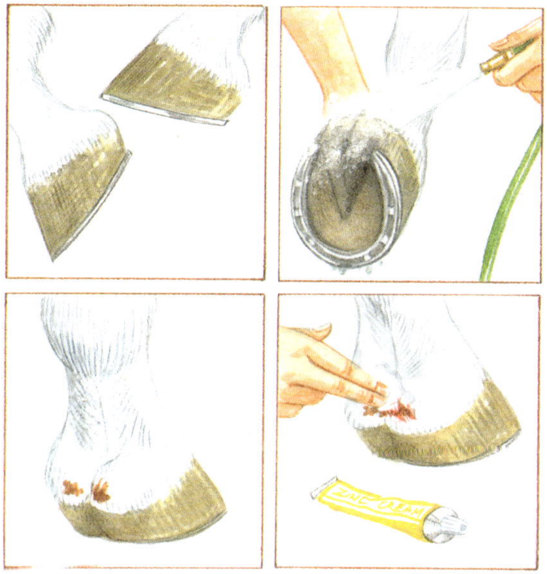

Ein Ballentritt muß sorgfältig gereinigt werden und zuerst einmal abgedeckt werden.

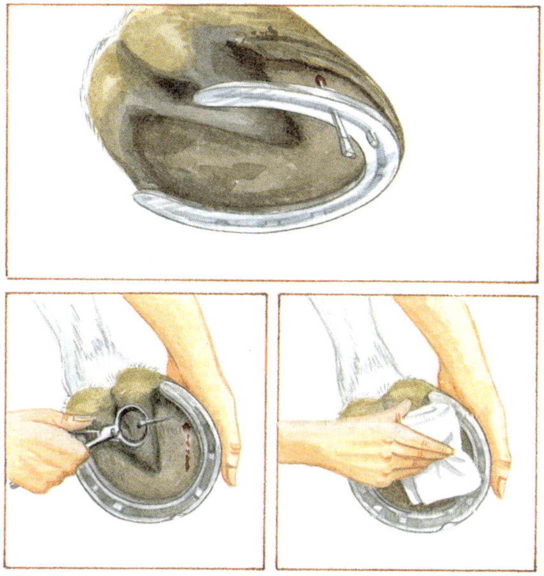

Ein abgerissenes Hufeisen kann zu einem stark blutenden Nageltritt führen. Ziehen Sie den Nagel heraus, damit kein weiterer Schaden entsteht. Die Stelle genau merken, die Sohle reinigen, abdecken und den Tierarzt rufen.

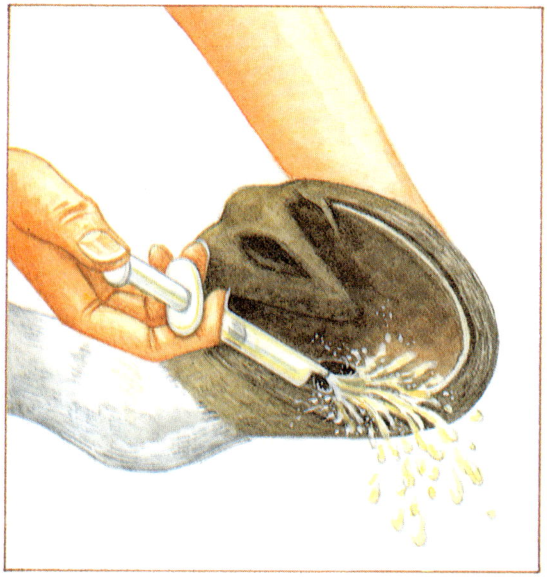

Damit ein Abszeß abfließen kann, muß eventuell ein Loch in den Huf gebohrt werden. Es wird mit einer Spritze mit warmer Salzlösung oder einem milden Antiseptikum ausgespritzt.

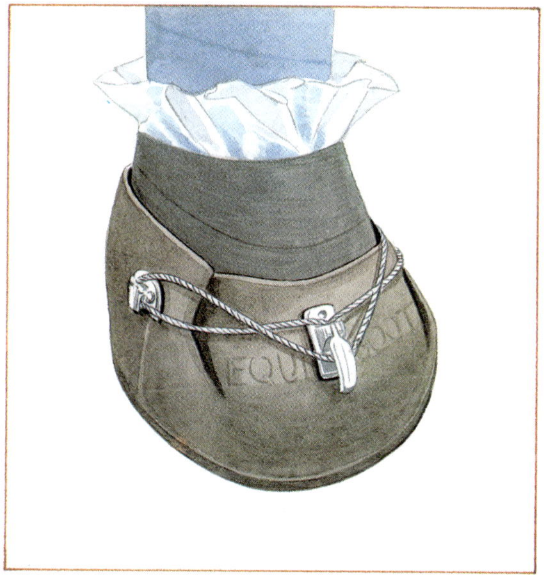

Ein Hufverband oder -umschlag hält besser mit einem Equiboot, Textilklebeband oder breitem Heftpflaster.

Druckstellen

Eine Druckstelle als solches mag nicht gefährlich sein, aber sie kann zu den verschiedensten Problemen führen. Besonders auf dem Pferderücken kommt es immer wieder zu Druckstellen durch einen schlecht passenden Sattel, einen schief sitzenden Reiter oder ganz einfach, wenn das Pferd noch nicht reif genug ist für das Reitergewicht. Die Gurtlage ist ein weiterer Bereich, wo gern Druckstellen entstehen, besonders bei empfindlichen Pferden.

Immer wieder überprüfen, ob das Sattelzeug richtig sitzt und bequem ist und daß das Leder sauber, weich und biegsam ist. Wenn Sie Gamaschen benutzen, darauf achten, daß sich kein Matsch oder Dreck zwischen Gamasche und Pferdebein ansammelt.

Um eine Druckstelle zu behandeln, wird sie erst einmal mit einer warmen Salzlösung gereinigt, dann wird eine Zink-Lebertran-Salbe aufgetragen. Die Sattelgegend kann man abhärten durch Abwaschen mit Salzwasser, Bleilotion oder Wundalkohol. Bis zur vollständigen Heilung kein Druck und nicht reiten.

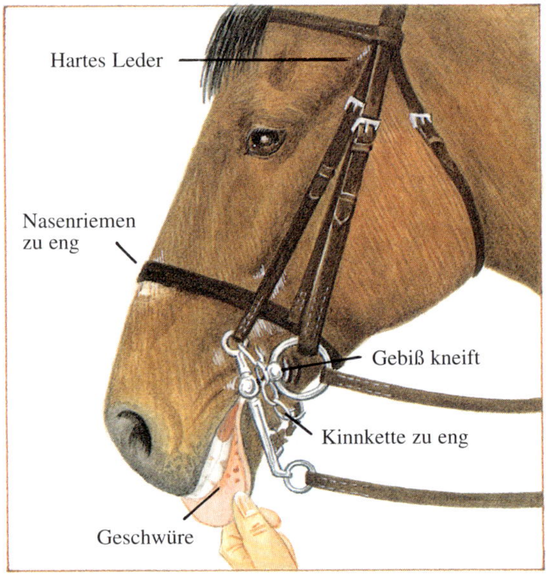

Druckstellen durch Trensen- oder Kandarengebiß können durch Scheuern, falsche Größe oder mangelnde Pflege sowie durch falsche Handhabung entstehen. Behandeln Sie sie mit der normalen Salzlösung.

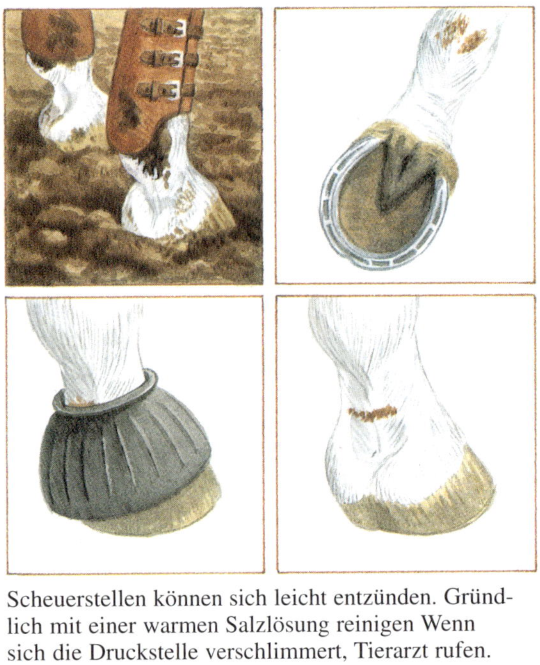

Scheuerstellen können sich leicht entzünden. Gründlich mit einer warmen Salzlösung reinigen Wenn sich die Druckstelle verschlimmert, Tierarzt rufen.

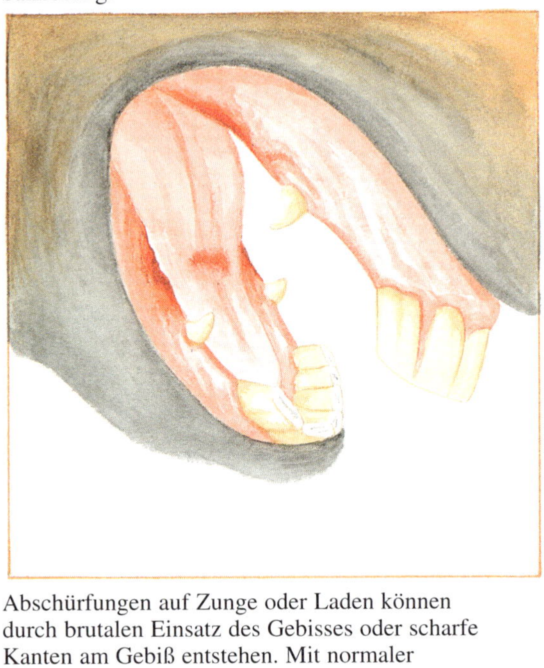

Abschürfungen auf Zunge oder Laden können durch brutalen Einsatz des Gebisses oder scharfe Kanten am Gebiß entstehen. Mit normaler Salzlösung behandeln.

Blutungen

Oft wird eine Wunde durch das Bluten gereinigt, aber die Blutung muß gestoppt werden, wenn nötig durch den Einsatz von Druck. Eine kleine Wunde hört gewöhnlich innerhalb von ein paar Minuten von allein auf zu bluten. Größere Schnittwunden benötigen eine Wundauflage oder ein Taschentuch. Darüber wird ein fester Verband angelegt. Wenn Sie vermuten, daß die Wunde stark verunreinigt ist, drücken Sie die Auflage mit der Hand an.

Wenn durch diesen Druck die Blutung aufgehört hat, nimmt man eine saubere Mullauflage und legt einen Verband an, der gerade so fest sein soll, daß die Mullauflage nicht verrutschen kann, aber nicht abbindet. Abgebunden wird nur in lebensbedrohlichen Situationen, und dann wird der Stauschlauch alle 10 bis 15 Minuten gelockert, während man auf den Tierarzt wartet. Oberhalb der Verletzung Stauschlauch unterpolstern.

Außer bei kleinen Schnittwunden in einer Hautvene, die man schnell unter Kontrolle bekommt, sollte auf jeden Fall ein Tierarzt hinzugezogen werden.

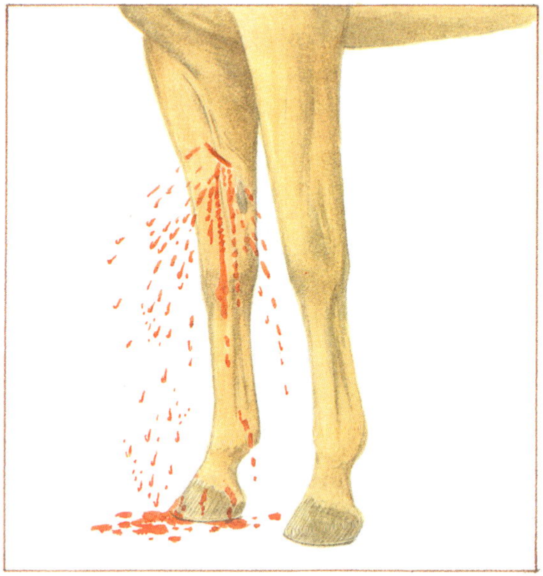

Aus einer verletzten Arterie spritzt das Blut, aus einer Vene fließt es gleichmäßig.

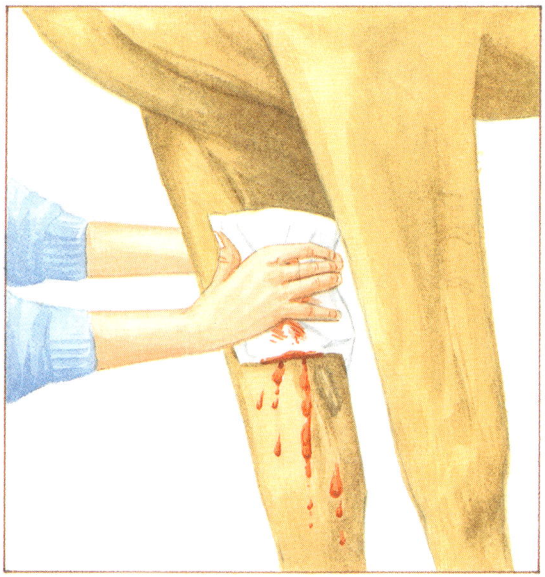

Schwere Blutungen mit einer festen Auflage und einem Verband stillen. Blutet die Wunde weiter, legt man einen weiteren Verband darüber. Tierarzt rufen und das Pferd ruhig halten.

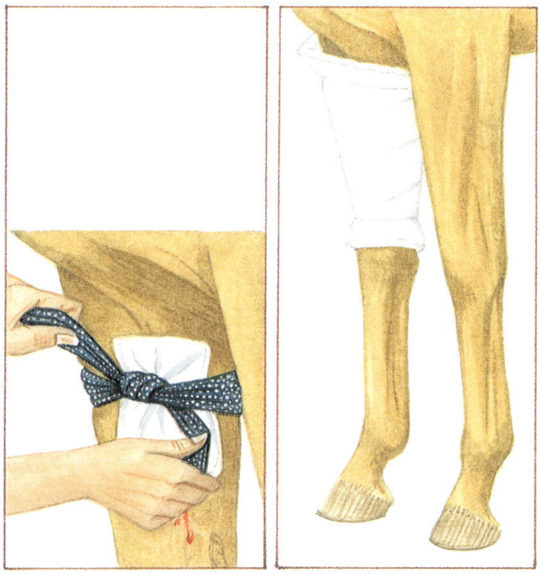

Eine arterielle Blutung wird zum Stillstand gebracht, indem man einen festen Druckverband anlegt. Tierarzt rufen.

Kolik

Diese Bezeichnung wird benutzt, wenn das Pferd Bauchschmerzen hat - starke Bauch-schmerzen. Dafür kann es viele Ursachen geben. Zu den häufigsten gehören plötzliche Futterumstellung, Überfütterung und Wurmbefall. Das Pferd ist unruhig und schwitzt, es sieht sich nach seinem Bauch um und fängt an, sich zu wälzen.

Wenn sich die Symptome nach 20 Minuten nicht gebessert haben, oder wenn sich das Pferd sichtbar unwohler fühlt und immer stärkere Schmerzen hat, müssen Sie den Tierarzt anrufen.

Lassen Sie das Pferd nicht fressen oder saufen, und versuchen Sie, festzustellen, ob das Pferd in der letzten Zeit gemistet hat. Falls es sich wälzt, muß es vor Verletzungen geschützt werden, wir versuchen aber, das Wälzen zu unterbinden. Schrittführene wäre gut.

Festliegendes Pferd

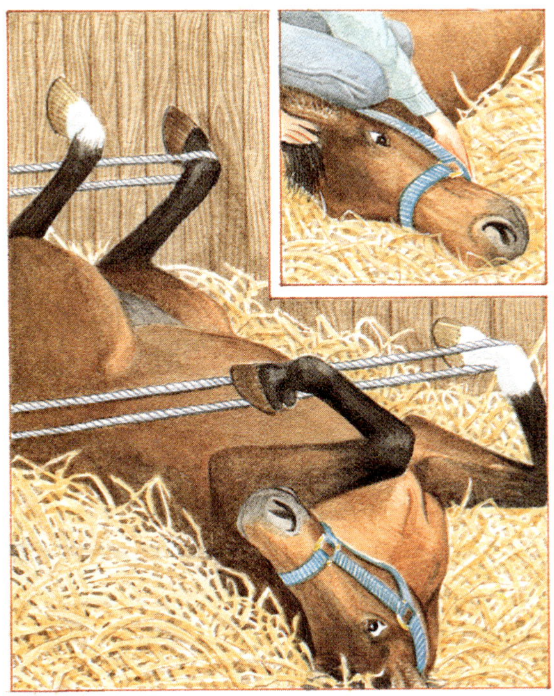

Ein festliegendes Pferd kann ein recht furchterregender Anblick sein, aber mit Ruhe und Umsicht ist es normalerweise möglich, es wieder auf die Beine zu bekommen, selbst wenn man alleine ist.
Aber aufpassen: Selbstschutz geht vor Pferdeschutz!

Sehen Sie sich genau an, wie das Pferd liegt und ob es sich drehen läßt. Wenn nicht, holen Sie schnell zwei Stricke (eine Longe geht auch) und schlingen Sie sie um das zur Wand liegende Vorder- und Hinterbein. Nicht festbinden!

Solange hält ein Helfer, wenn vorhanden, das Pferd ruhig, indem er auf dem Kopf kniet, aber ohne an das Auge zu kommen.

Treten Sie einen Schritt zurück und ziehen Sie nun das Pferd herum. Es geht noch besser, wenn der Helfer gleichzeitig den Kopf des Pferdes hinüberzieht. Vorsicht vor den Hufen!

Lassen Sie die Stricke los, sobald das Pferd herumgerollt ist, damit es normal aufstehen kann.

Husten und Erkältung

So wie wir Menschen kann das Pferd Husten bekommen oder sich anstecken, so daß es sich sehr unwohl fühlt. Die Temperatur kann erhöht sein, die Nase läuft und die Augen können tränen, das Pferd hustet. Ein erkranktes Pferd zittert möglicherweise und friert, und es sieht elend aus. Puls- und Atemfrequenz sind erhöht. In diesem Fall mißt man Fieber und hält das Pferd mit Decken und Bandagen warm. Die Box muß zugfrei, aber luftig sein. Die auftretenden Symptome werden entsprechend behandelt.

Inhalieren mit Wick oder Salzwasser ist hilfreich, ebenso wie heiße Umschläge für den Hals, wenn er entzündet ist und das Pferd Halsschmerzen hat. Reiten Sie niemals ein Pferd, das hohes Fieber oder Husten bekommen hat. Wenn die Temperatur mehr als 38,5 °C beträgt oder wenn leichte Symptome mehr als 24 Stunden anhalten, dann sollten Sie den Tierarzt holen, denn es kann schnell zu bleibenden Schäden kommen.

Zum Fiebermessen hält man das Pferd fest, schüttelt das Thermometer herunter und führt es in den Mastdarm ein. Nach etwa einer Minute kann man die Temperatur ablesen. Das Pferd muß warm gehalten werden.

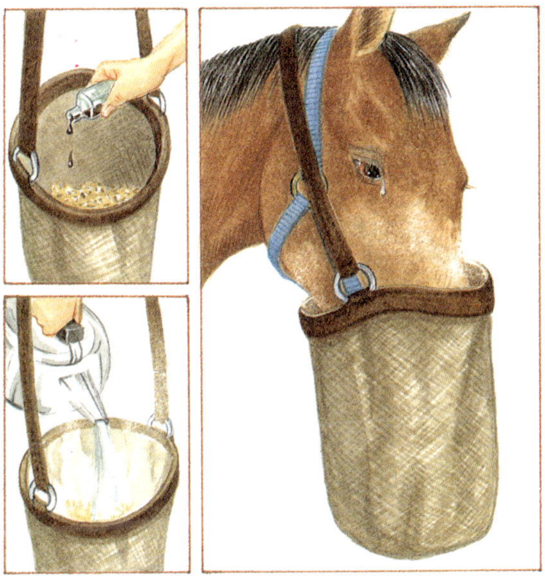

Nasenausfluß und -verstopfung können gelindert werden, indem man etwas Wick-Balsam o.ä. in einen Futterbeutel auf eine Handvoll dampfendes Heu gibt.

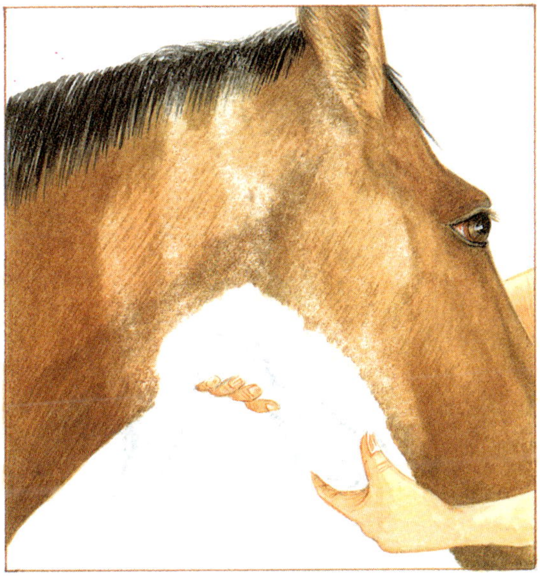

Bei Halsschmerzen wringt man ein Handtuch in heißem Wasser aus und hält es an den Pferdehals, so wie abgebildet.

Dicke Beine

Beine schwellen aus unterschiedlichen Gründen an. Stellen Sie zuerst einmal fest, ob alle vier, nur die Hinterbeine oder lediglich ein einziges Bein angeschwollen ist.

Wenn nur ein einziges Bein geschwollen ist, dann ist das ein untrügliches Zeichen für eine Verletzung, meist eine Zerrung. Sind beide Hinterbeine geschwollen und weich (geben auf Fingerdruck nach), kann das auf eine Futterumstellung oder Überfütterung oder auf ein Kreislaufproblem zurückzu-führen sein. Im allgemeinen sind dicke Hinterbeine kein Grund zur Besorgnis und schwellen nach 20minütigem Führen wieder ab. Nach genauer Diagnose und wenn sicher ist, daß keine Verletzung vorliegt (besonders an der Rückseite), sollte sich die Behandlung auf einen Druckverband zwischen Huf und Sprunggelenk beziehen. Bei einem einzelnen dicken Hinterbein, besonders wenn es sich auch weich anfühlt, sollte man den Tierarzt zu Rate ziehen, ebenso wie bei vier dicken Beinen und wenn das Pferd einen trüben Eindruck macht.

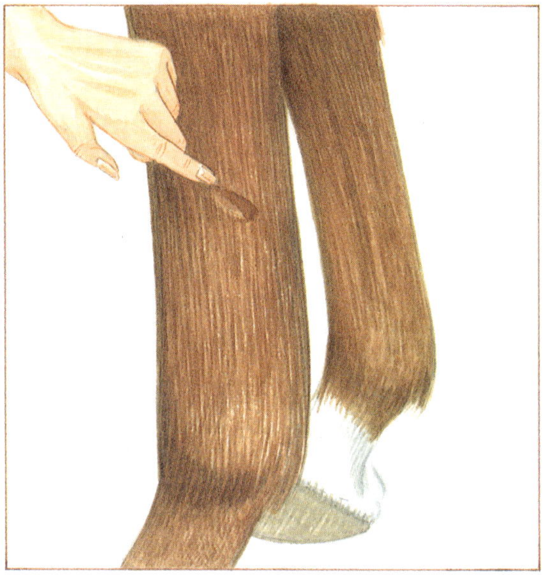

Ein bis zum Vorderfußwurzel- oder Sprunggelenk stark geschwollenes Bein, selbst wenn es sich mit dem Finger eindrücken läßt, deutet auf eine Lymphangitis oder andere Erkrankungen. Futter reduzieren und Tierarzt rufen.

Kreuzverschlag

In diesem Zustand verkrampfen sich die Muskeln, generell der Hinterhand und in schlimmen Fällen des ganzen Körpers. Er tritt oft während des Reitens nach einem Stehtag auf und wird daher oft als „Feiertagskrankheit" bezeichnet. Im allgemeinen spricht man von „Kreuzverschlag". Das Pferd verlangsamt plötzlich das Tempo. Manchmal schwankt es heftig, wenn sich die Muskeln verkrampfen und steif werden, so daß jede Bewegung schmerzt. Eine steife Hinterhand ist das erste Anzeichen dafür, daß etwas nicht stimmt.

Wenn das Pferd geritten wird, muß der Reiter sofort absteigen und dafür sorgen, daß das Pferd sich nicht mehr bewegt. Es muß warmgehalten und sofort nach Hause transportiert werden. Der Anfall kann nach einer Weile abklingen, aber in jedem Fall ist Bewegung schädlich und der Tierarzt muß geholt werden.

Nesselsucht

Wenn ein Pferd auf der Weide oder während eines Ausritts extreme Hautirritationen zeigt, oft versucht, sich hinzulegen, und sich ab und zu auch tatsächlich hinlegt, dann kann man von Nesselsucht ausgehen.

Steigen Sie ab bzw. holen Sie das Pferd vorsichtig von der Weide und rufen Sie den Tierarzt.

In der Zwischenzeit sollten Sie ver-suchen, die geschwollenen Stellen (meist Beine und Schenkel) mit einer Natrium-bikarbonat-Lösung (4 Teelöffel auf 1/2 Liter Wasser) einzureiben oder nur mit Wasser kühlen oder kortisonhaltige Salben auftragen.

Mauke und entzündete Fesselbeugen

Mauke tritt meist bei kaltem Wetter auf. Sie wird durch Feuchtigkeit und Matsch verursacht. Weiße Beine sind anfälliger.

Bei Sportpferden, deren Beine mit Kernseife und Wasser abgewaschen und besonders im Ballenbereich richtig abgetrocknet werden, wenn sie voller Matsch sind, ist die Erkrankung so gut wie unbe-kannt. Alternativ kann man die Beine auch über Nacht einbandagieren und den Dreck dann mit einer weichen Bürste entfernen.

Zu entzündeten Fesselbeugen, der chronischen Form der Mauke, kommt es durch wunde Stellen an den Ballen infolge von Wundscheuern bzw. einer Infektion durch Bakterien oder Pilze. Die Ballengrube muß gut freigeschnitten und sauber gehalten werden. Beim kleinsten Anzeichen trägt man Zink-Lebertransalbe auf, damit die Haut nicht platzt. Wenn die Wunden offen sind und nässend aussehen, müssen sie gereinigt und zweimal täglich behandelt werden.

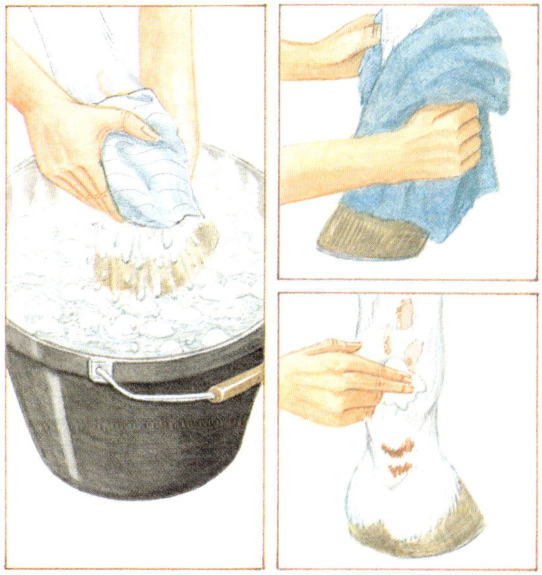

Die betroffenen Stellen mit warmem Seifenwasser abwaschen, Borken entfernen und alles gründlich abtrocknen. Zum Schluß Zink-Lebertransalbe auftragen. Die betroffenen Bereiche sauber und trocken halten.

Hufrehe

Sie tritt am häufigsten im Frühjahr und Herbst bei dicken Weideponies auf. Hufrehe wird oft ausgelöst durch den plötzlichen Zugang zu reichhaltigem Futter, besonders frischem, saftigen Gras. Rehe ist äußerst schmerzhaft; der Huf kann sich nicht aus-dehnen und dadurch den Druck der Entzün-dung im Hufinnern lindern. Daher steht das Pferd auf den Ballen, um seine Schmerzen besser ertragen zu können. Es bewegt sich nur ungern. Holen Sie den Tierarzt.

Das Pferd darf kein eiweißreiches Futter bekommen sondern nur altes Heu, bis ein Futterplan ausgearbeitet ist. Erste Hilfe bedeutet hier die Anwendung von Kälte. Stellen Sie die Beine in kühles Wasser oder tragen Sie grünen Lehm auf Fessel und Huf auf und bandagieren Sie den gesamten Bereich, auch Sohle und Strahl.

Als Erste Hilfe fünf Aspirin-Brausetabletten auflösen, Honig und Mehl dazumischen und diesen Brei alle vier Stunden auf die Zunge aufschmieren, bis der Tierarzt ein Schmerzmittel verordnet hat.

Hufrehe ist eine schmerzhafte Entzündung im Huf. Das Futter wird reduziert und die Hufe werden in kühlem Wasser gebadet. Tierarzt rufen.

Überanspruchung

Stellen Sie immer sicher, daß Ihrem Pferd ausreichend Wasser zur Verfügung steht. Wenn Sie auf einem Turnier sind oder das Pferd lange Zeit im Hänger steht, bieten Sie ihm immer wieder Wasser an, besonders wenn es heiß und schwül ist. Das Pferd sollte möglichst im Schatten stehen. Stall oder Transporter sollten gut durchlüftet sein. Nach der Arbeit wird das Pferd abgewaschen und bekommt eine Schweißdecke aufgelegt. Nach einer anstrengenden Prüfung sollte das Pferd innerhalb von 20 Minuten abkühlen, also sich erholen.

Sie sollten die Anzeichen für ein erschöpftes, überhitztes Pferd kennen, damit Sie gewarnt sind, falls es zu „Hitzestreß“ kommt: schnelle, flache Atmung, die sich auch nach 15 Minuten nicht beruhigt; erhöhte Temperatur für mehr als 30 Minuten; hängender Kopf; glanzlose Augen. Der Verlust der Hautelastizität, d.h. eine Hautfalte geht erst nach sechs Sekunden zurück, deutet auf Austrocknung hin.

Holen Sie sofort den Tierarzt.

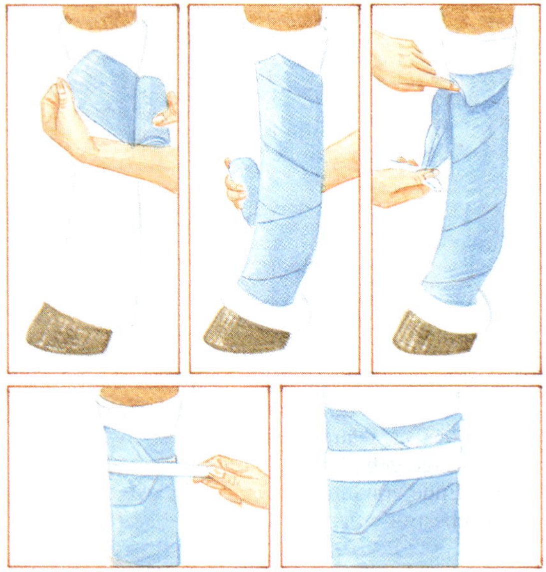

Alle Stallbandagen müssen gleichmäßig und fest über ausreichend Bandagierunterlagen gewickelt werden. Das Klebeband oder der Klettverschluß dürfen nicht fester anliegen als die Bandage.

Überanspruchung kann man lindern, indem man dem Pferd alle 15 Minuten etwas mit Speisesalz oder Elektrolyten angereichertes Wasser (2 Liter) anbietet, es wiederholt kalt abwäscht und mit dem Schweißmesser abzieht, ihm Kühlpackungen aufs Genick, auf die Innenseite von Oberarm, Schenkel und vortretenden Arterien legt sowie mit Ventilatoren und Schatten.

So wird ein Verband angelegt

Das Hauptziel der Ersten Hilfe ist neben dem Stillen der Blutung, weitere Verunreinigungen der Wunde zu vermeiden. Es reicht irgendein sauberes Tuch (oder eine Krawatte) und eine Bandage zur Befestigung, aber ohne die Blutzufuhr zu unterbinden, während das Pferd nach Hause gebracht wird.

Für lange oder Reißwunden gilt, je früher sie korrekt abgedeckt werden, desto besser. Idealerweise wäre das eine nichtklebende, leicht saugfähige, sterile Wundauflage auf einer gesäuberten Wunde.

Bei Wunden oberhalb von Vorderfußwurzelgelenk oder Sprunggelenk wird die Wundauflage gehalten, indem man den oberen Teil der Gliedmaße mit Watte umwickelt, das von einer Haftbandage gehalten wird, die wiederum am oberen Ende von einem Klebestreifen fixiert wird. Der Klebestreifen geht halb über die Bandage, halb übers Fell. Die untere Gliedmaße wird mit einer Stallbandage bandagiert.

Für Wunden an Knie und Sprunggelenk, wird die Wundauflage durch diagonales Bandagieren in Form einer Acht stabilisiert. Der untere Teil der Gliedmaße bekommt wieder eine Stallbandage.

Bei Wunden zwischen Huf und Sprunggelenk wird die Wundauflage mit Watte und einer elastischen Bandage stabilisiert (von unten nach oben wickeln!). Beim Bandagieren sollten 2/3 auf der vorhergehenden Reihe laufen. Der Watte-Verband sollte oben und unten überstehen. Oben wird der Verband mit Klebeband am Bein befestigt.

Hufverbände u.a. für Ballen- und Kronentritte werden mit einer Haftbandage oder Klebeband fixiert. Die untere Gliedmaße sollte unterstützt werden. Bei Prellungen im Bereich des Ballens und Kronrands trägt man eine Burowsche Mischung unter einem absorbierenden Verband auf.

Achtung: keine Antibiotika selbst verabreichen; jeder Fall wird vom Tierarzt korrekt mit dem entsprechenden Antibiotikum behandelt.

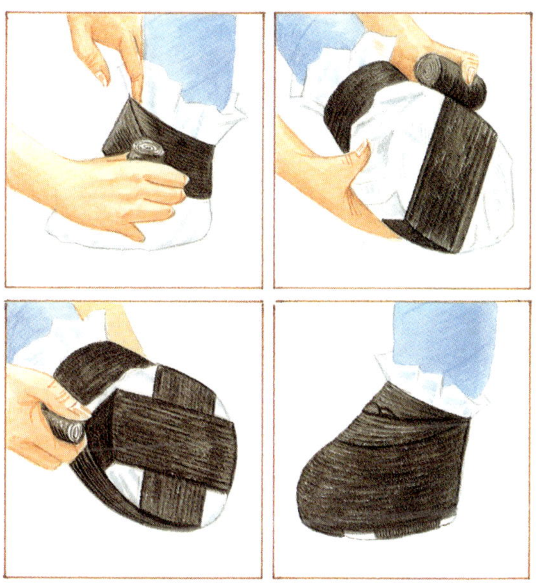

Hufverbände sollen Wundauflagen stabilisieren. Die Bandage wird über Plastik oder Polstermaterial fest bandagiert. Damit es keine einseitige Belastung gibt, bandagiert man beide Beine.

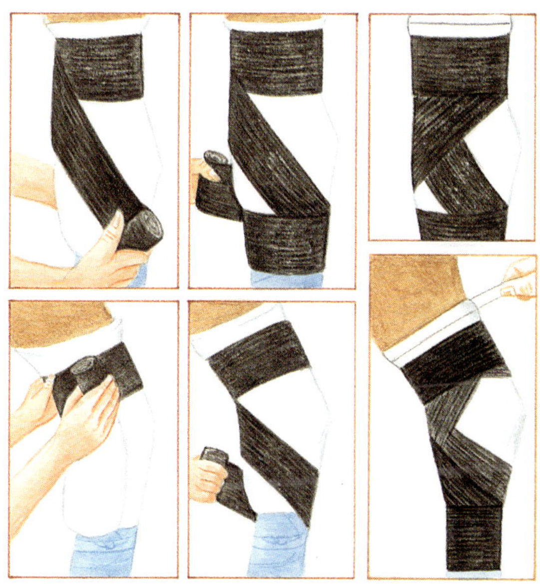

Vorderfußwurzel- und Sprunggelenksverbände werden mit Klebeband auf Bandage und Fell fixiert. Damit kein Druck auf die vorstehenden Knochen entsteht, bandagiert man achtförmig.

Umschläge

Umschläge dienen dazu, Infektionen zu beenden, Entzündungen einzudämmen, Prellungen zu lindern und Wunden zu reinigen. Im allgemeinen bleiben sie 12 Stunden an Ort und Stelle und werden dann erneuert.

Kaolin-Umschläge sind am besten bei Entzündungen und Prellungen und sollten heiß angelegt werden. Zuerst wird die Paste auf ein auf die benötigte Größe zurechtgeschnittenes Stück Packpapier aufgetragen. Ideal geeignet ist die Auskleidung der Futtermittel-Säcke. Die Packung wird auf die betreffende Stelle aufgelegt und mit einem Stück Plastik oder Frischhaltefolie abgedeckt. Dann kommt ein Watte-Verband darüber und zum Schluß eine Bandage. Für einen heißen Umschlag erhitzt man die Paste ein paar Minuten lang auf dem Packpier im Ofen.

Man kann das Kaolin aber auch in der Dose im Wasserbad erhitzen und dann auf dem Packpapier verteilen. Prüfen Sie immer, ob es nicht zu heiß ist, bevor Sie den Umschlag anlegen.Eine Lage Verbandmull zwischen dem Kaolin und der Haut sorgt dafür, daß man den Umschlag schnell und einfach wieder abnehmen kann.

Auch Entozoon soll die Infektion aus einer offenen Wunde ziehen.

Mit heißen Umschlägen kann man eine Entzündung lindern. Legen Sie ein Handtuch in handwarmes Wasser mit Magnesiumsulfat. Drücken Sie den größten Teil des Wassers heraus, und legen Sie dann das warme Handtuch auf die betroffene Stelle. Das Handtuch wird warmgehalten, indem man es immer wieder ins warme Wasser taucht. Der Umschlag sollte für jeweils etwa 20 Minuten aufgelegt werden.

Bittersalz kann auch für heiße Kleie-Umschläge genommen werden, die man gern bei Hufverletzungen macht. Um einen solchen Umschlag richtig anlegen zu können, braucht man einen Plastikhufschuh oder ein Stück Sack. Durch zuviele Um-schläge im Bereich der Hufe und Ballen kann es zu Hornerweichungen kommen. Nicht länger als drei Tage ohne Tierarzt!

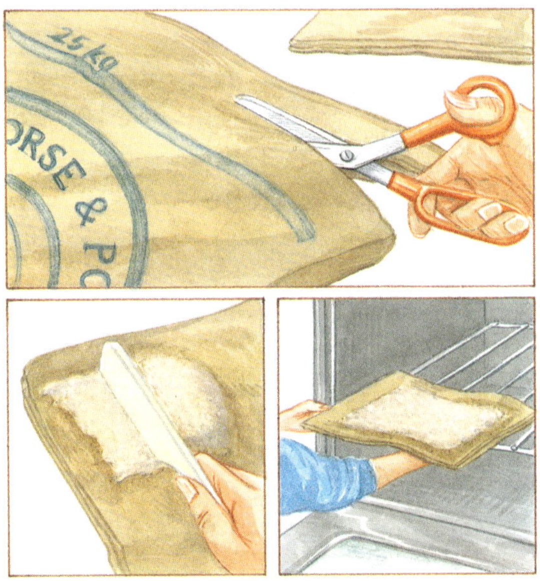

Für einen heißen Kaolin-Umschlag schneidet man Packpapier in die richtige Größe, verteilt das Kaolin darauf und erhitzt es für ein paar Minuten im Backofen.

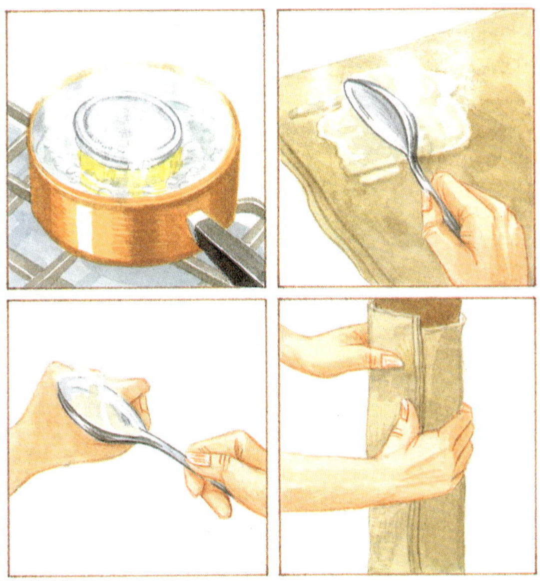

Das Kaolin kann auch im Wasserbad erwärmt werden. Prüfen Sie die Temperatur auf Ihrem Handrücken, bevor Sie den Umschlag anlegen.

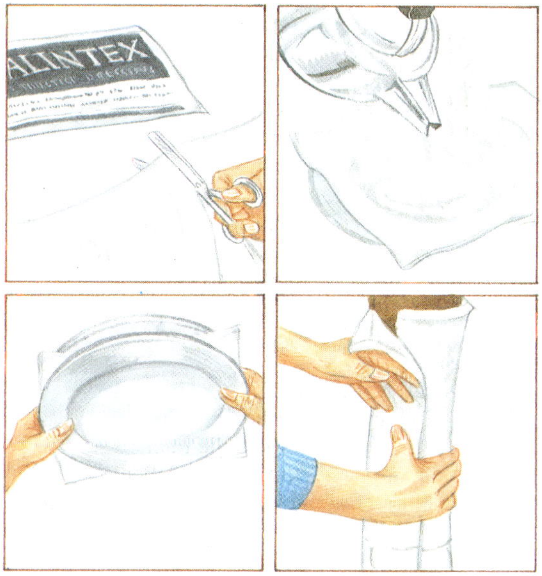

Animalintex*: auf die richtige Größe zuschneiden, mit heißem Wasser übergießen, das überschüssige Wasser zwischen zwei Tellern ausdrücken und dann auf die Verletzung legen. *Leider nur in Großbritannien erhältlich

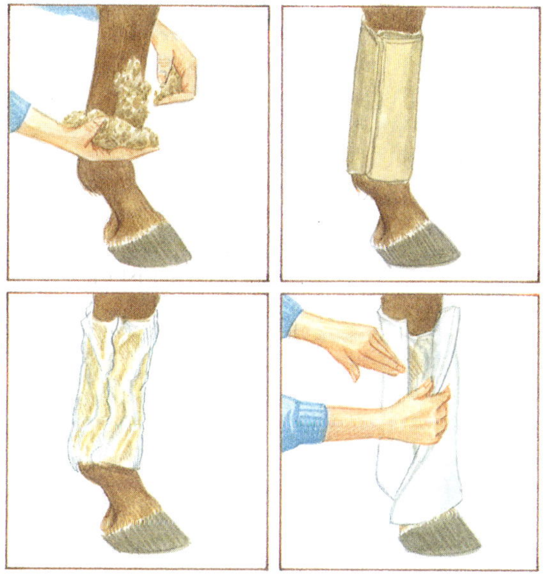

Wenn das Pferd hart gearbeitet wurde, kann man die Beine mit kaltem Kaolin kühlen, das direkt aufgetragen wird. Das Ganze wird mit Küchenfolie oder Packpapier abgedeckt, dann kommt Watte darauf und zum Schluß wird bandagiert.

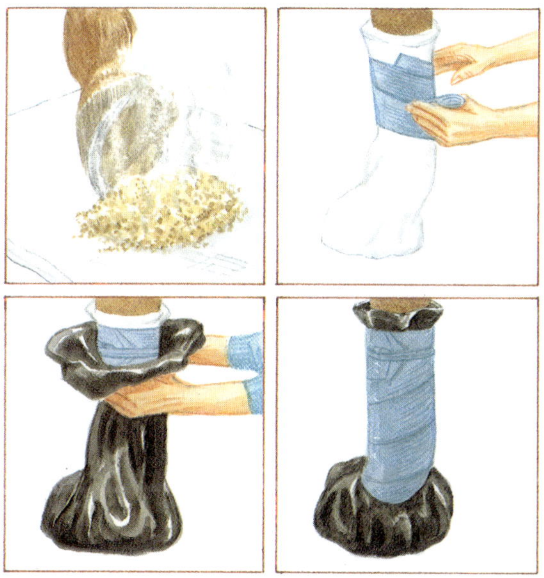

Ein heißer Kleie-Umschlag: Die Kleie auf den zugeschnittenen Umschlag legen, der mit einer Bandage befestigt wird. Fuß in eine Plastiktüte oder Sack stecken und bandagieren.

Prellungen oder Schwellungen benötigen einen Umschlag mit einer Burowschen Mischung, 20 Minuten lang, 3mal am Tag.

Checkliste

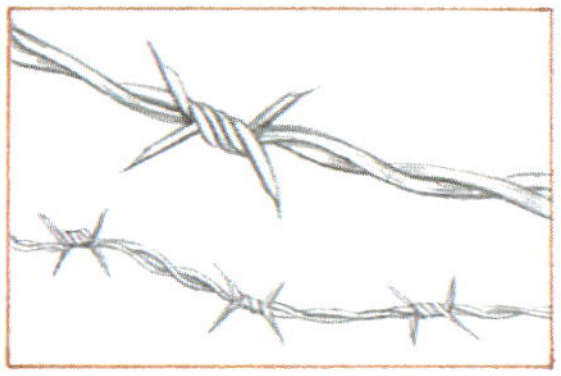

Jederzeit können und werden Unfälle passieren, aber viele könnten mit etwas Umsicht vermieden werden:

- Zäune und Stall werden regelmäßig auf vorstehende Nägel und scharfe Kanten überprüft.
- Der Reiter überlegt sich immer gut, wohin er reitet und meidet schlechte Bodenverhältnisse oder unwegsames Gelände, wo sich Flaschen, Dosen, Drähte usw. befinden könnten.
- Der Reiter sollte immer geeignete Kleidung tragen, Stiefellampe, Leuchtstreifen etc., wenn er in die Dunkelheit geraten könnte.
- Das Pferd muß regelmäßig beschlagen werden.
- Der Reiter sollte immer eine Bandage, ein sauberes Taschentuch oder ein Stück Watte mit sich führen sowie einen Zettel mit seinem Namen und der Telefonnummer von Zuhause oder vom Stall.
- Die Stallapotheke muß regelmäßig überprüft und wenn nötig aufgefüllt werden.
- Wenn das Pferd nur leicht geritten werden soll oder einen Stehtag hat, wird schon am Abend vorher das Futter reduziert.
- Sattel- und Zaumzeug müssen immer in einwandfreiem Zustand sein, damit keine Risiken entstehen.
- Der Reiter sollte kein Risiko eingehen, besonders nicht mit kleinen Kindern oder jungen Pferden.
- Der Reiter sollte immer vorausschauend denken, damit er vor einer Überraschung sicher ist.